起業のためのファーストドリル

うまくいく女性起業家だけが知っていること

叶理恵
Rie Kano

はじめに

「さぁ、いざ起業しよう！」

そう意気込んだものの、一体何から始めたらいいのかわからない。
自分に何ができるのかもわからない。
誰かに聞きたいけれど、周りに起業している人はいないし、相談できる相手がいない……。

せっかくあなたが起業への道を切り開こうと心が動き出しても、目の前には全く先行きの見えない、茨の道が広がっている……。

この本を手にとってくださったあなたは、今そんな状況でしょうか。
ですが、どうぞ安心してください。

この本は、そんな「起業したいけれど、まだ一歩を踏み出せずにいる」というあなたの、一歩目を手取り足取りサポートする本だからです。

私は、今から約11年前、2010年に大手上場企業のサラリーマンを35歳の年齢で退職しました。年収600万円のお給料を捨てて、そのときは「もう私の人生は終わった……」と本気で思っていました。

いわゆる「燃え尽き症候群」で、頑張りすぎて、心が疲れすぎてしまったのです。失意のどん底で会社を退職しました。

仕事の成績自体は、毎月営業ノルマを達成していてトップセールスウーマンでした。全国でもトップの成績だったので、昇進して大阪の事業所のリーダーという役職まで上り詰めました。

せっかく出世してお給料も上がったのに、当時はとても追い詰められていて、「会社の期待に応えられなかった」と自分で自分を責めて自分のことがとても嫌いだったのです。

社会の脱落者だと真剣に思っていました。

女性の起業サポートをしている現在の私ですが……正直にお話しすると、私は起業しようと思って起業したわけではないのです。

だから起業のために、用意周到に起業準備をしていたわけではありません。

起業1年目は、毎日「自分は何がしたいのだろう」と絶望を感じる毎日でした。

当時は、女性起業のノウハウをわかりやすく教えてくれる人が今より少なくて、一体何から手をつけていいのかもわからなかったので、収入もずっと0円で、溺れかけて大変でした。

しかし、メンターの助けを借りたり、本を読んだりインターネットで調べたりしながら、まず自分自身はどんな人に必要とされているのかを研究しました（これを、モテ層を見つけると言います。詳しくはChapter1に譲ります）。

そして私には一体何ができるのか、自分の「できること」を見つめました。

求められる「自分」と、私の「できること」、そして自分のありたい「姿」。これらの合致する場所をとにかく探しました。自分を知ってもらう方法があれば、どんなSNSもブログもHPもとにかく試しました。

そうやって、道なき道を行く手探りの日々でしたが、ノウハウを調べまくり、今では結果を出せるようになりました。

その結果の出たノウハウを教えてほしい、という方が増えてきたので、ご要望の声に応える形で、起業初心者の女性向けに「幸せ女性起業塾」という講座と「幸せ女性起業塾オンラインコース」を開校し、多くの方に喜ばれ、今では３５００人以上の女性たちが自分の強みを活かして世に出てくださるようになりました。


過去の私のように、元サラリーマン女子が起業したけれど、

「何からやったらいいのかわからない！」

「やり方がわからない！」

と、人生に困る人が出てこないように。

また、専業主婦の方が
「自分にとってやりがいのある仕事をしてみたい！」
という思いを、叶えないまま諦めてしまわないように。

起業という大きな前向きな一歩を踏み出そうとするみなさんの一歩目を、明るく照らすような人になりたいと思ったのです。

第二の私を作らないよう、私の体験したこと・知っていることをお伝えしていきたい。分かち合いたい。そんな気持ちで、女性の起業をサポートして参りました。

「知って行動すれば、世界は変わる」

幸せ女性起業塾の生徒さん方を見ていて、それが何よりの実感です。
動き出せば、景色は変わるのです。

この体験をより多くの方にしてもらいたいと思い、私は2020年3月に『夢と現実に橋をかける人柄ビジネス』という本を出版しました。
この本を読んでくださった多くの女性が「私にもできる気がする！　起業したいです!!!」と意気込んでくださり、そして同時に「だけど、具体的な一歩をまだ踏み出せていないのです」と立ち往生していました。

そこで、気づいたのです。

本を読んで知識を蓄えるだけでは、人はまだ変われないのだ、と。

だから、この本はあなたに「一歩を踏み出してもらう」ことを目的に書きました。

この本は、読むだけでは終わりません。あなたのこれからの行動を具体的に書き込んでいくことで、この本は完成します。いわばあなたと私の共作の本なのです。

「私なんかに、できるのかな……」

そう思ったあなたも、本書のワークに沿ってとにかく手を動かしてみてください。

気づいたら、もうあなたは起業への一歩を踏み出しているはずです。

目次

Chapter 3
求められる仕事を見つけよう ……057

Chapter 4
「私の商品」を堂々と売ろう ……083

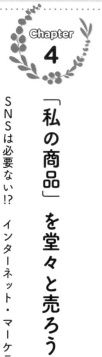

Chapter 5

最初の一歩「お金を稼ぐまで」の道のり

Chapter 1

「モテる」私を見つけよう

Chapter 1

「モテる」私を見つけよう

◆「モテる」とは、限られた人のことではない！

心では起業したい！　と思っているのに、立ち往生してしまう理由の一つは、「自分なんかの商品を買ってくれる人がいるのだろうか」という不安ではないでしょうか。

何をやるかの前に「私なんかに価値があるのか」「私は一体誰に求められているのか」という、このメンタルブロックこそが、実はあなたの成功を邪魔している一番の原因なのです。

そんなあなたに、良い情報があります。

「あなたのことが好きで、あなたの商品を買ってくれるお客さまは必ずいる」

という事実です。


あなたの学生時代を思い出してください。

小学校、中学校、高校、大学……。

なんとなく、気の合う友達はいませんでしたか？

たくさんの人たちがいる中で、雰囲気や見た目なのか、はたまた勉強への取り組む姿勢や言葉遣いなのか……お互いになんだか惹かれ合って、仲良くなった人がいると思うのです。


それも、一つの「モテ」です。

これまではなんとなく、モテていたのです。


しかし、自分でビジネスを始めるからには、あなたが一体「どんな人からモテるのか」という客観的事実を、分析して、自覚をしないことには始まりません。

だからこそ、起業するための最初のステップは、あなたの「モテ層」を見つけることなのです。

◆「モテ層」＝「異性にモテている人」のことではない！

ここで「モテ層」という言葉を聞いて、誤解する方がいます。

「いやいや叶さん、私モテませんから！」
「モテる女性なんて、ほんの一部の恵まれた人のことですよね？」
「私なんか、モテるなんて言うのも恥ずかしいです……」

大丈夫。ここで私が言う「モテ層」とは、学生時代などにもてはやされていたような、いわゆる「異性からモテる女子」のことではないのです。

あなたが等身大の、そのままのあなたでいたときに、そんなあなたを好きになって応援してくれる人たちのことを総称して「モテ層」と呼んでいます。

✦万人に「モテる」必要はない！

私自身の経験や、お客さまのケースを見ていると、約100人に1人、あなたのことを大好きになってくれる「ファン」がいます。

100人も人が集まれば、あなたも一人くらい気の合いそうな人が見つかりそうですよね。

それと同じように、100人いればあなたのことが好きな人もいるものです。

つまり、誰にだって「モテ層」は存在しているのです。

「100人に1人しかいないの!?」という不安が生まれた方もいるかもしれませんが、落ち着いてください。日本の人口は約1億人はいますので、100人中1人だとしても、100万人の人があなたの「モテ層」なのです。

さらに言うならば、あなたが一人でビジネスを行うとき、100万人のお客さまの対応をできますか？　ちょっと現実的ではないですよね……。

女性が人を雇わずに、個人事業主としてお客さまと「濃いお付き合い」をしていくなら、30人ほどが限度です。

１００万人もいる自分のことを好きな人の中から、たった30人と、しっかり関係性を築いていければいいのです。

モテ層の定義は、次ページの図のように「あなたの人柄が好きで、あなたの技術・スキルを求めている」層のことです。

あなたの「付き合いたい、付き合いたくない」という主観は一旦考えからはずして、まずは「あなたのことを求めている人」に焦点を当てていきましょう。

もちろん、最終的には図右上の「相手も私を求め、私も相手と付き合っていきたい」という相思相愛の関係の方と付き合っていくことが理想です。

でも、最初は選り好みせずに「私がどんな人に求められているのか（＝モテるのか）」を考えれば大丈夫です。

モテ層®の定義

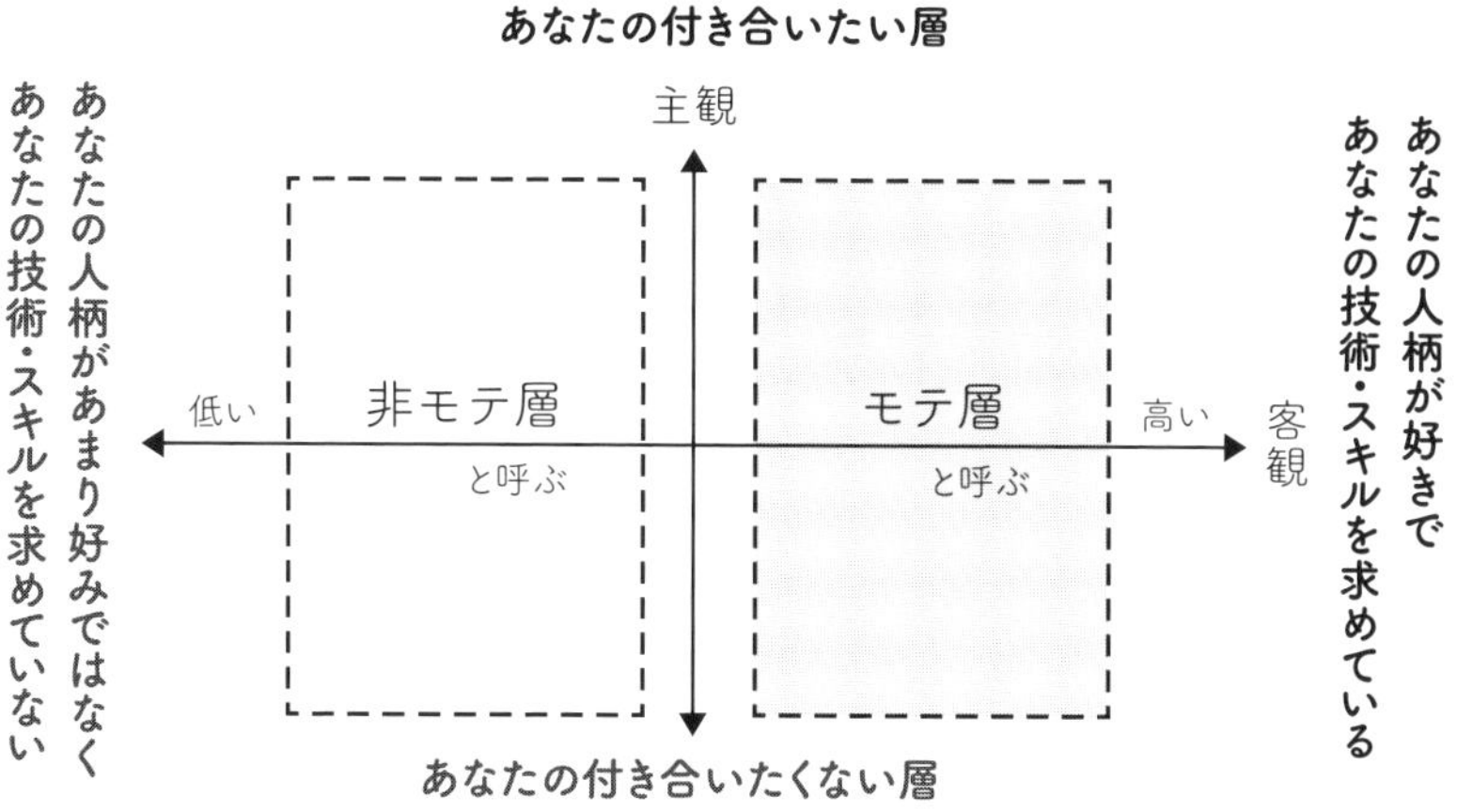
あなたの付き合いたい層
主観
あなたの人柄があまり好みではなく
あなたの技術・スキルを求めていない
低い
非モテ層
と呼ぶ
モテ層
と呼ぶ
高い
客観
あなたの人柄が好きで
あなたの技術・スキルを求めている
あなたの付き合いたくない層

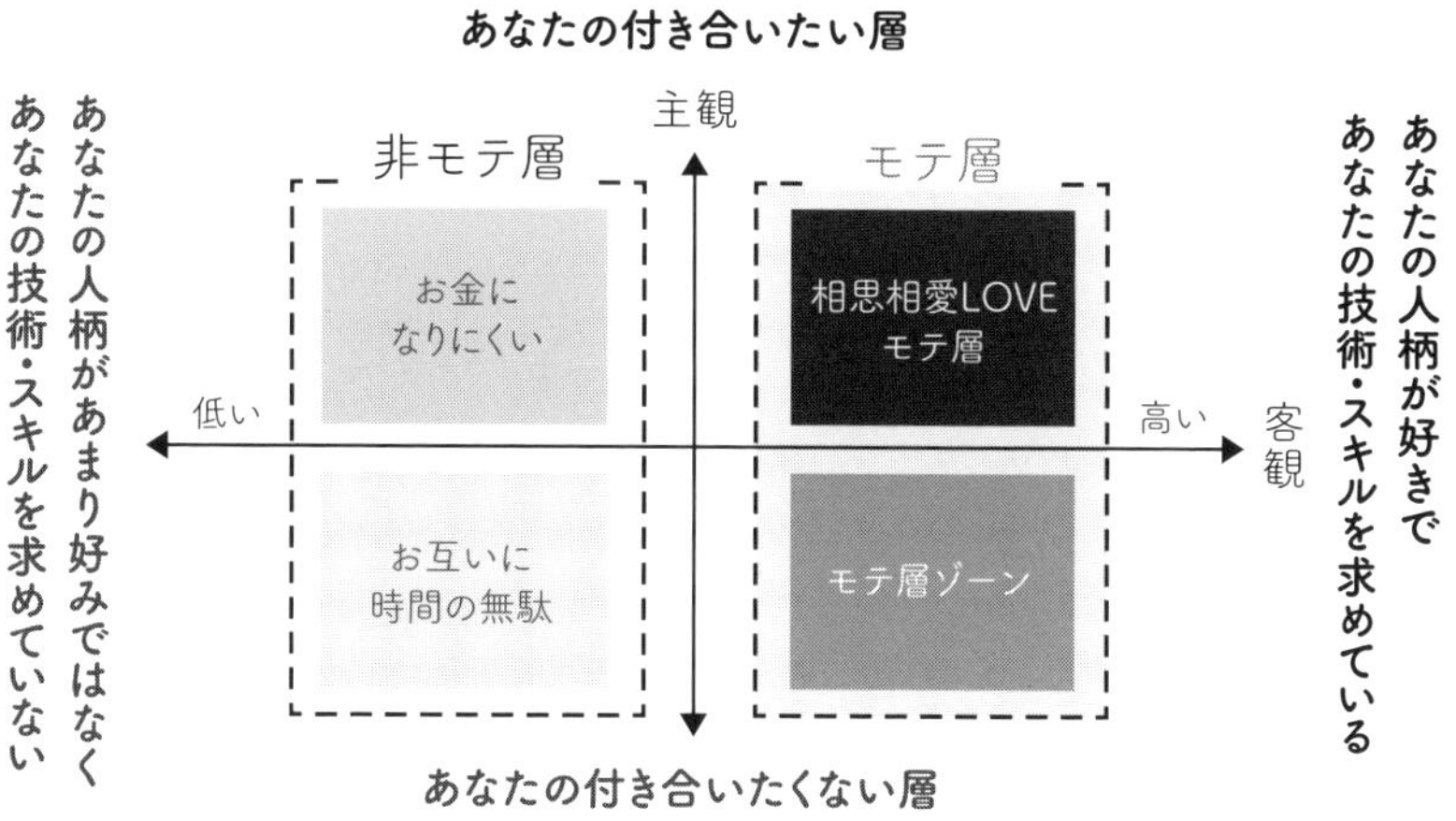
あなたの付き合いたい層
主観
あなたの人柄があまり好みではなく
あなたの技術・スキルを求めていない
非モテ層
お金に
なりにくい
低い
お互いに
時間の無駄
モテ層
相思相愛LOVE
モテ層
高い
モテ層ゾーン
客観
あなたの人柄が好きで
あなたの技術・スキルを求めている
あなたの付き合いたくない層

そうは言うものの、自分がどんな人に求められているのかを明確に知っている方は少ないのではないでしょうか。

そこで本章の締めくくりとして、「私ってどんな人？」を明確にしていきましょう。

次ページ以降のワークシートを埋めながら、モテ層の定義の冒頭部分、「あなたの人柄が好き」についいて考えていきましょう。

ワーク

私ってどんな人？

言語化してみよう

Q1 ライフミッション（情熱をかけてきたこと）は？

私は、今までに

____

を大切にしてきた。

ワーク

私ってどんな人？

言語化してみよう

Q2 お金と時間をかけてきたことは？

私は、今までに

____

に努力を重ねてきた。

ワーク 私ってどんな人?

言語化してみよう

Q3 人間関係で自然にモテてきた層は?

私は、今までに

____

にモテてきた。

私ってこんな人!

私は、今までに

(Q1の答え)

を大切にしてきた。

だから

(Q2の答え)

に努力を重ねてきた。

それが周りに伝わって、

(Q3の答え)

にモテてきた。

いかがでしょう。「私って、どんな人？」に対する答えは見つかりましたでしょうか。もちろん、1回のワークの結果を見て、「私は◯◯な人だ」と考える必要はありません。最後に文章にした言葉がしっくりこなければ、少し文章にアレンジを加えても構いません。

質問項目に立ち戻って、言葉を書き足しても構いません。

大切なことは、「自分の内面を見つめること」なのですから。

次ページ以降では、私が運営する幸せ女性起業塾の生徒さんが記載してくれたシートを紹介します。

もし、ワークシートを埋める手が止まり、途方に暮れてしまった方がいらっしゃったら……塾生さんの例を参考に、もう一度ワークに取り組んでみましょう。

記入例

メイクセラピスト＆カードコーチング認定講師

井瀬綾子（40代）

Q1 ライフミッション（情熱をかけてきたこと）は？

仕事もプライベートも両方を

楽しんで生きること

私は、今までに

仕事もプライベートも楽しむこと

を大切にしてきた。

記入例

メイクセラピスト&カードコーチング認定講師
井瀬綾子(40代)

Q2 お金と時間をかけてきたことは?

外見磨き(美容、メイク、ダイエット)
内面磨き(自己啓発・潜在意識・心理学)
資格取得のための学び

私は、今までに
自分の内面も外面も磨くこと
に努力を重ねてきた。

記入例

メイクセラピスト＆カードコーチング認定講師
井瀬綾子（40代）

Q3 人間関係で自然にモテてきた層は？

部活の後輩

会社の部下

年下の友達

私は、今までに

自分を慕ってくれる年下の人たち

にモテてきた。

私ってこんな人！

私は、今までに

（Q1の答え）仕事もプライベートも楽しむこと

を大切にしてきた。

だから

（Q2の答え）自分の内面も外面も磨くこと

に努力を重ねてきた。

それが周りに伝わって、

（Q3の答え）自分を慕ってくれる年下の人たち

にモテてきた。

記入例

人柄ビジネスコンサルタント
たしろさと美（30代）

Q1 ライフミッション（情熱をかけてきたこと）は？

- ✓ 自分らしい生き方・働き方ができる人を増やす
- ✓ 家族や周りを幸せにするためにまずは自分が幸せになる
- ✓ 自分を全肯定する（条件付きの承認にしない）
- ✓ お金が稼げるようになる
- ✓ Lead the people
- ✓ 多様性を受容する
- ✓ まずは愛でキャッチボールする
- ✓ 成長やチャレンジを楽しむ

私は、今までに

周りに優しくなるために、まずは自分

を大切にしてきた。

記入例

人柄ビジネスコンサルタント
たしろさと美(30代)

Q2 お金と時間をかけてきたことは?

✓ 女性の働き方に関する本やセミナー
✓ 人の役に立つ仕事・働き方の探求
✓ 未来予測
✓ ビジネスの勉強はどこまでいっても楽しい
✓ 起業
✓ アフィリエイト
✓ コピーライティング
✓ 心のブレーキ、メンタルブロック
✓ 人間の成長段階
✓ 初歩的なスピリチュアル

私は、今までに

人の成長や「心」の勉強に

多くの時間を費やした ~~に努力を重ねてきた~~。

記入例

人柄ビジネスコンサルタント
たしろさと美（30代）

Q3 人間関係で自然にモテてきた層は？

✓後輩
✓仕事好きな先輩
✓長女で甘え下手な人
✓50代の人
✓仕事に熱すぎて、人にも自分にも厳しすぎて、周りから相手にされない孤独なお客さま（会社員時代）
✓（一見）クレーマー
✓発信が苦手（と思っている）人
✓教えてもらうのが好きな人

私は、今までに

「自分に自信がない」と思っている人に

にモテてきた。

私ってこんな人！

私は、今までに

（Q1の答え）周りに優しくなるために、まずは自分

を大切にしてきた。

だから

（Q2の答え）人の成長や「心」の勉強に

~~に努力を重ねてきた~~。多くの時間を費やした

それが周りに伝わって、

（Q3の答え）「自分に自信がない」と思っている人に

にモテてきた。

Chapter 2

「できる」仕事を見つけよう

Chapter 2

「できる」仕事を見つけよう

◆「自分には当たり前にできること」の中に仕事の種がある

あなたのモテ層がわかったところで、今度はあなたがそのモテ層に対して「どんなサービスや商品を提供できるのか」を考えていきましょう。

ここで、多くの方が〝必ず陥るワナ〟についてご説明させていただきます。

まず、あなたは才能と聞いたら何を連想しますか？

才能って、天才にだけある「特別なもの」だと思っていませんか？

また、才能とは、生まれもって完璧な姿で磨かれている「出来上がったもの」だと思っていませんか？

誰しも生まれもった才能があります。それに気づかないで、毎日の生活を過ごしている人がとても多いのが現状です。

それは、なぜか？

それはある3つのワナが原因なのです。

✦陥りがちな3つのワナ①「周りからの期待のワナ」

一つ目は、お父さん、お母さん、先生などの「周りの人たちからの期待のワナ」です。

周りの人たちが喜んでくれるだろうと思う人生を選んでいると、自分の才能に気づけないのです。

人が喜ぶことは、星の数ほどあります。世間体を気にして一般的に幸せだろうと思われている生き方は、あなたの幸せと一致するかどうかと聞かれると、かならずしも一致するわけではありません。

「自分には才能がある」のだけれど、その才能を使うのではなく、

・お父さん、お母さんが喜ぶ仕事
・人から認められる仕事
・安定している仕事

など、給与や条件などで仕事を選ぶ人がほとんどです。

自分の隠れた才能に、まだまだ気づいていないケースが実はとても多いのです。

「他人に認められるため」に生きていると、「自分の才能を活かす」ということに目を向けることすらできないのです。

◆陥りがちな3つのワナ②「当たり前のワナ」

才能とは、自分では当たり前と思っている資質なので、「特別なこと」とは受け取っていません。

「あなたの才能は何?」と問いかけたとしても、「自分には才能がない」と答えてしまうことはありませんか?

また、自分にとっては当たり前にできていることを、「すごい才能だ!」と言われても、「こんなこと、誰でもできるよ」と否定してしまうことはありませんか？

例えば、私の場合は「文章を書くのがうまい」と言われていました。けれども、私は自分では文章がうまいとは思っていませんでした。

また、「ついつい、叶さんには悩み相談をしてしまう」「つい、身の上話をしてしまう」「つい話し込んでしまい、心が癒される」と言われることが多かったのです。

しかし私は、自分のことをどちらかというと「熱血系」だと思っていたので（笑）、「いやいや、私のどこが癒し系なんだろう……」と思っていました。

人の話を聴くということも、「人の話を聴くなんて、誰でもできることでしょう？　こんなものは才能ではない」と思っていたのです。

私は自分の才能を、微塵も受け取っていなかったのです。

自分では本当に簡単に、当たり前にできることだったので、「たいしたことではない！」と思っていたのです。

でも、この「たいしたことではない！」が、実は落とし穴なのです。

私の話の聴き方・質問力は、周りの人にとっては、当たり前ではなかったのです。


どれだけ周りに褒められても、自分の才能を受け取ることがなかなかできませんでした。長い間、自分の才能をスルーしてきました。

◆陥りがちな3つのワナ③「一流と比較してしまうワナ」

一流の人と自分のことを比較して、「自分なんてたいしたことはない」「これは才能ではない！」と決めつけて、自分の才能をスルーしてしまう。

これ、起業する女性の「あるある話」なのです。


いくら神様がくれた才能でも、磨かないと光らないのに、以前の私はずっと自分の才能を受け取っていませんでした。そしてあろうことか、

「こんなことを言っては自慢と思われてしまうかも」

「こんなことで才能とか、全然謙虚じゃない！」

と、自分の才能から目を背け続けてきました。

……これ、なんだかアホみたいな話ですよね（笑）。

「否定していないで、いい加減認めなさい！」と当時の自分に言い聞かせたいものですが、意外と自分のことになるとやってしまうのですね。

自分はたいしたことのない存在だとずっと思い続け、その感覚に慣れてしまっていたこともあり、

「もっと、すごい人がいるよ」

「私なんてたいしたことない」

「こんなこと誰でもできる」

と、才能をかき消してしまっていました。

そして隣の芝は青いではないですが、自分にないものを羨ましく思ってしまっていました。

自分で自分の才能をつぶしながら、周りの才能ある（才能をちゃんと認めて育てている）人たちを

見て「羨ましい、羨ましい」と言っていたのです。

会社を辞めて、失意のどん底にいた私は、「会社を辞めてしまった、これからどうしよう……」と途方に暮れていました。

そして、「自分はたいしたことがない！」「自分には何もない！」と、心の中で反芻《はんすう》していました。

だって、「才能ってすごいこと（＝一流なこと）」って思っていましたから。

自分の才能を見つけようともせず、他人から見つけてもらって褒められても、受け取ることもせず、スルー。だから、一流にもなるはずがありません。

ここまで口すっぱく私が繰り返し言葉にするのは、この本を読んでくださっているあなたにお願いがあるからです。

どうか、自分の才能を否定せず、受け取ってください。

もし、他人から「あなたはこういう点がすごい」と言われたことがあるならば、ちゃんと受け取ってみてください。

それがたとえ自分の嫌いな部分だったり、自分では当たり前と思っていることだったり、一流の人に比べたらたいしたことはない、と思うことであっても。

それを見過ごしてしまうと、せっかくの自分の才能を、自分で握りつぶしてしまうことになるのです。あなたの中の当たり前にこそ、あなたができる仕事、いいえ、あなたにこそできる仕事があるのです。

✦お客さまは、自信のある人から買う

あなたが自分の才能を認め、「自分はここが強みです！」と言えると、誰が幸せになると思いますか？

もちろん、あなた。

そして、あなたのお客さまです！

あなたが「自分なんかの商品で、すみません……」という気持ちで商売をしていたら、その気持ち

はお客さまに伝わります。
あなたがお客さまの立場だったら、そんな自虐的な人の商品を買いたいですか？

自虐的で自信なさげに売られるより、
「私はこういうところがすごいんです！　私の商品には価値があります！　絶対あなたにもこの価値を体験してもらいたいんです！」
と、堂々と言ってくださる方から買いたいと思いませんか？

だから、あなたのためにも、お客さまの幸せのためにも、まずは自分の才能に気づいてあげましょう。

さぁ、少々熱くなりすぎましたが（笑）、
ここから、あなたの才能を見つけるワークをしていきましょう。
心を開いて、自分の過去の経験をよーく思い出しながら、書いてみてください。この本は、わざわざ他の人に見せることはありませんから、謙虚な気持ちは一旦捨ててください！

「こんなことでもいいの？」

と迷うことがあれば、それも書き出してください。

とにかく書き出していくうちに「あ、こんなこともあったな」「これも、才能って言っちゃっていいのかも！」などと、どんどん出てくるはずです。

才能は受け取るもの。

才能は、自分が心から受け取ることで、初めて輝きます。

輝き始めたそのときが、あなたのビジネスのスタートです！

ワーク

私にできる仕事とは？

言語化してみよう

Q1 過去のキャリア（履歴書の内容など）は？

私が得意なことは、

____

____

Q2 「教えてほしい」と言われることは?

Q3 周りの人からよく頼まれていたことは?

私が周りの人のためにできることは、

Q4 今は解決した過去の悩み事は?

Q5 「Q4の悩み」をどうやって解決した?

私は今まで、

【過去の悩み】____________________に悩んでいた。

けれども、

【解決法】____________________で解決した。

私にできる仕事はこれ!

私は周りの人に対して

（Q1、Q2、Q3の答え）

がてきる。

私にとっては当たり前のことだけれど、
それはきっと、周りの人にとっては特別なこと。

昔はできないと思っていたことも、

（Q4、Q5の答え）

で克服してきた。

だから私は

＼あなたの決意を書き込もう！／

記入例

メイクセラピスト＆カードコーチング認定講師
井瀬綾子（40代）

Q1 過去のキャリア（履歴書の内容など）は？

✓ 会社員（販売）歴 22年
✓ 化粧品売場で販売 2年半
✓ 短大時代、人間関係学科で心理学、
コミュニケーション学を学ぶ

私が得意なことは、
1対1のコミュニケーション
信頼関係を結び、深めていくこと

Q2 「教えてほしい」と言われることは？

- ✓ 夫婦、家族仲良しの秘訣
- ✓ メイク品、服の選び方、買い方
- ✓ ブログの書き方
- ✓ 起業初期に何から始めたか？

Q3 周りの人からよく頼まれていたことは？

- ✓ 友達・仲間などのイベント、飲み会の幹事
- ✓ グループ討議（少人数）のリーダー、まとめ役
- ✓ 人の揉め事の仲裁
- ✓ 提案・改善案などを話し合う場で最初に発言すること

私が周りの人のためにできることは、

自分が所属するグループの潤滑油となること

Q4 今は解決した過去の悩み事は？

✓パートナーシップ
✓人間関係（他者比較）
✓やりたいことに踏み出せないこと

Q5 「Q4の悩み」をどうやって解決した？

✓覚悟を決め、本音で話し合う
✓本を読む（心理学）
✓潜在意識を学び、ワークを毎日実践
✓チャレンジしている仲間に出会う
✓うまくいっている人に聞く・学ぶ

私は今まで、
【過去の悩み】人間関係 に悩んでいた。
けれども、
【解決法】うまくいっている人を頼り、チャンジする仲間に刺激を受けて、日々の実践項目を決めてやり続けること で解決した。

私にできる仕事はこれ！

私は周りの人に対して

（Q1、Q2、Q3の答え） 信頼関係を結び、深めながら、

グループの潤滑油となること

ができる。

私にとっては当たり前のことだけれど、
それはきっと、周りの人にとっては特別なこと。

昔はできないと思っていたことも、

（Q4、Q5の答え） 周囲の仲間に頼りながら、改善を

繰り返すこと

で克服してきた。

だから私は

人に頼ることができるようになり、その結果、
人から頼られる人になる方法を、
私の経験をもとに伝えていく！

＼あなたの決意を書き込もう！／

記入例

人柄ビジネスコンサルタント
たしろさと美（30代）

Q1 過去のキャリア（履歴書の内容など）は？

- ✓ 法人営業時代にアワード賞2回受賞（400人中）
- ✓ 23種類のアルバイト経験
- ✓ アフィリエイトで月収100万円達成
- ✓ 人柄ビジネスで月収100万円達成
- ✓ 適応障害で休職

私が得意なことは、
新しいことにチャレンジすること

Q2 「教えてほしい」と言われることは？

- ✓ アフィリエイトの始め方
- ✓ アフィリエイトのやり方
- ✓ 一歩目の踏み出し方
- ✓ 自分の認め方
- ✓ 強みの見つけ方
- ✓ コピーライティング
- ✓ やりたいことの見つけ方
- ✓ 自分を好きになるには？
- ✓ セールス
- ✓ 人柄ビジネス

Q3 周りの人からよく頼まれていたことは？

- ✓ 後輩や年下の子たちの面倒を見る
- ✓ 自信や勇気、元気が欲しい
- ✓ 難しいことを、わかりやすく改めて教えてほしい
- ✓ 背中を押してほしい
- ✓ 話を聞いてほしい
- ✓ パソコン作業
- ✓ 文章の添削

私が周りの人のためにできることは、

優しく寄り添い、行動を後押しすること

Q4 今は解決した過去の悩み事は？

✓ やりたいことがわからない人生の迷子
✓ 時間と場所と経済的自由が欲しい
✓ 自分に厳しくて苦しい
✓ 発信が苦手（SNS、メルマガ）

Q5 「Q4の悩み」をどうやって解決した？

✓ ライフミッション発掘
✓ 起業とアフィリエイト
✓ 気持ちを吐露、全肯定する、ヒーリングコード、仲間
✓ 結果ではなく、チャレンジしたら成功
✓ 思いをラブレターにして海へ流す

私は今まで、

【過去の悩み】ないものばかりに目を向けて、自分の無力さ **に悩んでいた。**

けれども、

【解決法】とことん自分と向き合い、周りの人に頼ること **で解決した。**

私にできる仕事はこれ！

私は周りの人に対して

（Q1、Q2、Q3の答え） 優しく寄り添い、新しいチャレンジ

の後押しをすること

ができる。

私にとっては当たり前のことだけれど、
それはきっと、周りの人にとっては特別なこと。

昔はできないと思っていたことも、

（Q4、Q5の答え） 周囲に頼りながらとことん自分に

向き合うこと

で克服してきた。

だから私は

ないものねだりで苦しむ人をゼロにする！
マンツーマンまたは少人数向けに、
あなたの得意を仕事にする支援をする！

＼あなたの決意を書き込もう！／

Chapter

3

求められる仕事を見つけよう

Chapter 3

求められる仕事を見つけよう

✦さぁ、あなたは何を売る？

Chapter1では、あなたのモテ層が必ずいて、あなたの情報さえ届けば、それを必要とするお客さまが現れることがわかりました。

Chapter2では、あなたには「才能」があり、その才能が誰かの役に立つことがわかりました。

本章では、あなたのモテ層に対して、あなたのどの才能を売るのか、具体的に考えてみましょう。

「何を売るか」を考えることは、私も10年以上女性の起業を支援してきましたが、本当に多くの方が悩むポイントです。

もちろん正解はないですし、あなたが一からオリジナルのサービスや商品を作って売ってもいいのですが……それがうまくいく例は稀ですし、そもそも商品開発に悩みすぎて、結局「やっぱり私には無理でした。起業やめます」なんてことになりかねないのです。

本書では、まずは起業をスタートさせて、ちゃんとお金を得てもらうことをゴールとしています。だから、一番手軽に始めやすい「代行」から始めてみることをおすすめします。

✦起業のファースト・ステップ「代行」とは

代行とは、家庭や企業の中にある仕事の一部を、あなたが代わりに行うことです。

例えば家庭での仕事だと、最近は働くお母さんが増えたので「家事代行サービス」や「ベビーシッター」の需要が高まっています。

企業も、仕事の一部である経理業務やちょっとした事務作業、文書作成などを外部委託していることがあります。なるべく社員を雇わずに、外注するのは現在のトレンドでもあります。

例えばあなたが今会社で経理業務をしている場合、それは「あなたの経理の才能を会社に売っている」とも言えます。

同じことを、「会社員」という立場ではなく、個人事業主という立場で実施するのです。

また、もしあなたが主婦で毎日料理を作っている場合は、「料理の才能」を売ることができます。

何度も言いますが、あなたにとって、「え？　こんな経理業務、誰でもできるよ」や「私の料理なんて、人様にお金を貰って食べてもらうような、たいしたものじゃないよ」と思ってはいけません。

自分の才能に蓋をするのは絶対ＮＧです！

◆代行から始めるメリット1　心理的ハードルが低い

私が代行から始めることをおすすめする一番の理由は、「心理的ハードルがとても低い」からです。

起業って、それ自体がめちゃくちゃチャレンジングで、勇気のいることですよね。その上で業務の内容まで、これまでやったことのない分野に挑戦してしまうと、あなたの心がパンクしてしまいます。

でも、代行ならあなたがこれまで「自然にやってきたこと」ですし、その才能を使って誰かを喜ばせたという経験を積むことができます。

✦代行から始めるメリット2　市場ニーズがある

例えば料理も、会社での経理業務も、少なくともこれまでやってきているということは、「それを求める誰かがいる」ということなのです。つまり、「市場ニーズがある」と言えます。

全く新しいあなたオリジナルのサービスもいいですが、それが誰かにとって必要か、つまり市場ニーズがあるかどうかは未知数です。

ですが、代行業務ならば今すでに市場ニーズがあるものなので、事業としてうまくいきやすいのです。

✦代行から始めるメリット3　お金を稼ぐタイミングが早まる

起業して最初の頃は、「お金を稼ぐ」までがとても遠い道のりに見えます。最初の3ヶ月、半年……もしかしたら最初の1年間はろくに稼げない可能性だってあります。

そんなとき、あなたは心が折れずに起業を続けていけるでしょうか。

減っていく貯金残高を前にして、現実問題どこまで頑張れるでしょうか。


事業は、根性論だけでは続けていけません。


だからこそ私は、あなたの事業をなるべく早く「お金を稼げる」状態にすることが重要だと思っています。

あなたが当たり前のようにやってきたことで、市場ニーズがある分野なら、お金を稼ぐまでの期間がぐっと縮まります。

✦仕事になるのは「好き・才能・市場ニーズ」が重なる場所！

当たり前ですが、仕事はあなたが好きで才能があることの他に、「誰かが求めていること」でないと成立しません。

つまり仕事とは、誰かの困りごとを解決すること、そのものだとも言えます。

下の図のように、3つの重なるところから探す必要があります。

本章のワークでは、この「市場ニーズ」の部分を調べてみましょう。

Chapter1とChapter2では「あなた」の経験を深掘りしてきましたが、ここでは「周りの人」が求めることにフォーカスします。

自分の得意なこと、例えば料理であれば、「料理代行」と検索して、大体いくらで何品作るのが相場なのか、すでに料理で起業している方のHPなどをメモしておくのも、今後役に立つはずです。

少し難しく感じるかもしれませんが、まずはやっぱり「書き出す」ことがスタートです！

モテ層の見つけ方

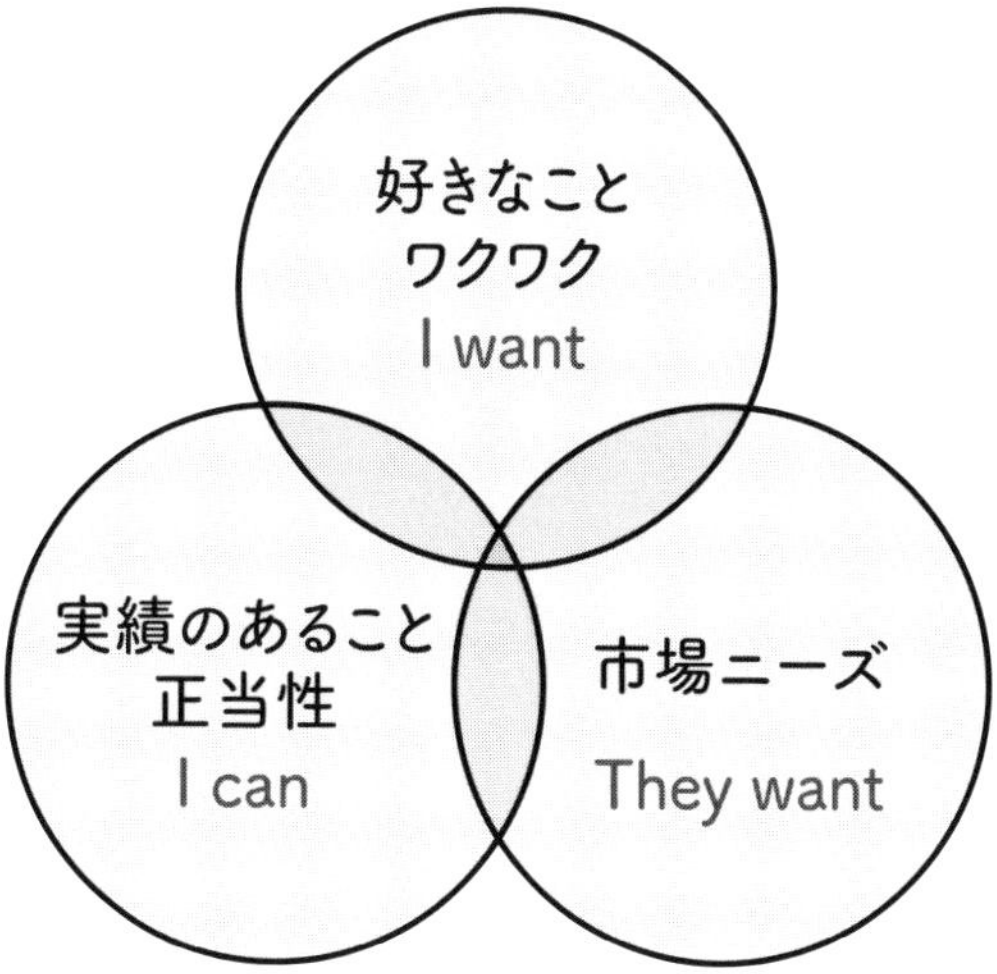

ワーク 求められる仕事とは？

市場調査の前に…現状確認！

私は

【モテ層】（第1章の結論）

に対して

【価値提供】（第2章の結論）

ができる！

それを形（＝仕事）にするために、
モテ層の悩みを深掘りしてみよう！

ワーク 求められる仕事とは？

言語化してみよう

Q1 モテ層の「夜も眠れないような困りごと」は？

私はこれからモテ層に対して

____

を提供する。

商品開発の第一歩！

まずは書き出してみよう！

Q2 あなたにとってのライバルは？

私の一番のライバルは

＿＿＿＿＿＿＿＿＿＿＿＿＿＿＿＿＿＿＿＿

である。

先人の知恵を拝借せよ

Q3 ライバルの商品メニュー、価格は？

ライバルとは 市場開拓した先輩 である。

ライバルに差をつけろ

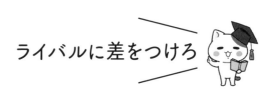

Q4 ライバルの商品で顧客が
感じているストレスは？

競合との差別化 こそが価値になる。

私の商品はこれ!

メニュー表

一押しポイントはこれ!

記入例

メイクセラピスト＆カードコーチング認定講師
井瀬綾子（40代）

市場調査の前に…現状確認！

私は

【モテ層】（第1章の結論）　自分を慕ってくれる
年下の人たち

に対して

【価値提供】（第2章の結論）　頼られる人になる方法
を伝えること

ができる！

それを形（＝仕事）にするために、
モテ層の悩みを深掘りしてみよう！

記入例

メイクセラピスト＆カードコーチング認定講師
井瀬綾子（40代）

Q1 モテ層の「夜も眠れないような困りごと」は？

- ✓ 夫、彼氏の発言・行動にイライラ・モヤモヤする
- ✓ 夫や子どもにすぐ感情的に怒鳴ってしまう
- ✓ 嫌われるのが怖くて思ったことが言えない
- ✓ 夫が家事や育児に非協力的
- ✓ このままの人生で本当にいいのか？ もっとやれることが他にあるのでは、と思う
- ✓ 離婚したいけれど、その先の生活が不安で踏み出せない
- ✓ 周りと比較して落ち込みが止まらない
- ✓ 加齢（シミ・しわ・たるみ・肥満など）が気になる
- ✓ いつまでも若々しくキラキラしていたい

私はこれからモテ層に対して
コミュニケーションと感情の扱い方の講座
を提供する。

記入例

メイクセラピスト＆カードコーチング認定講師
井瀬綾子（40代）

Q2 あなたにとってのライバルは？

✓ 夫婦問題カウンセラー
✓ アンガーマネジメントスクール
✓ コミュニケーションスクール
✓ メイクレッスンスクール
✓ 個人で活躍するメイクアップアーティスト
✓ 占い師

私の一番のライバルは

アンガーマネジメントスクール

である。

記入例

メイクセラピスト＆カードコーチング認定講師
井瀬綾子（40代）

Q3 ライバルの商品メニュー、価格は？

離婚弁護士相談	初回無料
協議離婚	1万～3万円前後
離婚調停（着手金・報酬）	計50万～70万円
夫婦問題カウンセラー	1回5,000～15,000円
心理学スクール	20万～50万円以上
コミュニケーションスクール	20万～50万円
アンガーマネジメントスクール	14万～20万円
エイジングメイクレッスン	3,000～2万円
占い師	5,000～3万円

ライバルとは **市場開拓した先輩** である。

記入例

メイクセラピスト＆カードコーチング認定講師
井瀬綾子（40代）

Q4 ライバルの商品で顧客が感じているストレスは？

✓大人数のスクール形式で質問しにくい
✓自分のことをさらけ出すのに勇気がいる
✓単発でそのときごとに相談していて、
一時的に楽になるが、また戻る、変化がない
✓価格が高い
✓メイクが再現できない
✓化粧品を売り込まれる

競合との差別化 こそが価値になる。

記入例

メイクセラピスト＆カードコーチング認定講師
井瀬綾子（40代）

メニュー表

パートナーシップセッション		4,000円
パートナーシップ1Day講座		22,000円
メイクセラピー	2回	22,000円
3ヶ月パートナーシップ改善プログラム		

一押しポイントはこれ！

少人数制で手厚いフォロー
3ヶ月プログラムでは、感情コントロール、コミュニケーション×メイクセラピーで内面も外見も美しくイキイキと生きる女性になれる

記入例

人柄ビジネスコンサルタント
たしろさと美（30代）

市場調査の前に…現状確認！

私は

【モテ層】（第1章の結論）　自分に自信が持てずに悩んでいる人

に対して

【価値提供】（第2章の結論）　得意を見つけて仕事にする支援をすること

ができる！

それを形（＝仕事）にするために、
モテ層の悩みを深掘りしてみよう！

記入例

人柄ビジネスコンサルタント
たしろさと美（30代）

Q1 モテ層の「夜も眠れないような困りごと」は？

- ✓ お金を稼げるようになりたい
- ✓ お金の不安から解消されたい
- ✓ 自由になりたい
- ✓ 人に比べて落ち込む
- ✓ つい比較してしまう
- ✓ 自信がない
- ✓ 失敗するのがとてつもなく怖い
- ✓ 強みがわからない

私はこれからモテ層に対して

お金の不安を解消し、自分を満たすことで得られる心の平穏

を提供する。

記入例

人柄ビジネスコンサルタント
たしろさと美（30代）

Q2 あなたにとってのライバルは？

✓満足度が低い起業塾
✓内容が薄いのに高単価で提供している起業塾
✓お金と時間をかけて学んでいない起業家
✓「簡単にお金を稼げます」というキャッチフレーズを多用して高額な商品を販売し、結果が出ないコンテンツを提供している塾やコンサル、教材販売
✓受講生さんの思いや考え、成長を尊重しない先生

私の一番のライバルは
心ではなく、技術ばかりを追い求める起業塾
である。

記入例

人柄ビジネスコンサルタント
たしろさと美（30代）

Q3 ライバルの商品メニュー、価格は？

ビジネス塾	半年 120万円
起業塾	10ヶ月 120万円
起業塾	1年 80万円
セールス塾	1年 35万円
発信塾	4ヶ月 45万円
起業塾	半年 65万円
マーケティング塾	1年 200万円
起業コンサル	4ヶ月 35万円
商品設計塾	2日 35万円

ライバルとは 市場開拓した先輩 である。

記入例

人柄ビジネスコンサルタント
たしろさと美(30代)

Q4 ライバルの商品で顧客が感じているストレスは?

✓塾で置いていかれる

✓成果が出せなかった

✓塾ジプシー

✓周りが行動できていても、自分はなかなかついていけない

✓何が悪いのか? 改善点が自分でわからない

✓行動の圧が弱く、甘えてしまって行動できない

✓文章が苦手

✓質問する勇気がない

競合との差別化こそが価値になる。

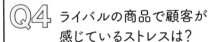

記入例

人柄ビジネスコンサルタント
たしろさと美（30代）

メニュー表

体験セッション	初回 3,000円
単発セッション	18,000円/回
継続セッション	90,000円/6回
1Day講座	29,700円
インナーチャイルドを癒す講座	77,000円/3ヶ月
トゥインクルスター養成講座	
あったかセールス養成講座	

一押しポイントはこれ！

お客様にぴったり合うメニューをステップバイステップでご提供できるから、確実な成長と成果へお連れすることができる

Chapter 4

★

「私の商品」を堂々と売ろう

Chapter 4

「私の商品」を堂々と売ろう

◆SNSは必要ない!? インターネット・マーケティングの落とし穴

本章では実際にあなたの商品をお客さまに届ける方法をお伝えします。

ところで、最近の起業に関する本やインターネットでは「SNSを使いましょう!」とそこかしこで言われています。インターネットの普及にともない、HPやFacebook、Instagram、Twitter、LINE、TikTokなどを駆使して、あなたの商品をより多くの人に届けようという戦略です。

もちろん、私もこの戦略には大賛成ですし、ビジネスを大きくしていく上で、インターネット・マーケティングは大いなる味方となってあなたを支えてくれるはずです。

けれども、起業をこれからするあなたが、今真っ先に取り組むことがＳＮＳなのか？　というと、疑問があります。

なぜならよくある起業の失敗例が、まさに「とりあえず、今の時代ＳＮＳからだよね」ということで、なんとなくＳＮＳから始めてみてしまうことだからです。インターネット・マーケティングには大きな落とし穴があります。

ゴール設定もなく、なんとなく始めたＳＮＳは、思った以上にフォロワーが増えないことで気持ちが落ち込んでしまいます。それが原因で起業自体をやめてしまったり、気づいたら商品を売ることよりもフォロワー数を増やすことに躍起になってしまい、本末転倒な結果を生み出す例が後を絶ちません。

しかも、ＳＮＳは不特定多数の人たちが使っていて、中には悪徳業者やひどいセールスをする会社があることも、ユーザーはわかっています。

あなたに悪気がないことはわかっています。でも、あなたが信頼を獲得するために、ＳＮＳを利用することは、あまりにも労力が必要となることなのです。

✦遠くの誰かに売る必要はない！　まずは近くのあの人に商品を届けよう！

起業したてのときは、身近な人に売ってみることを私はおすすめしています。

近所の知り合いでもいいですし、仲のいい友達でもいいでしょう。

勉強会などで出会った方なんかもいいかもしれません。


あなたの人となりを知っていて、あなたへの信頼が蓄積されているのであれば、親身に話を聞いてくれる方がいるはずです。


「え！　そんな身近な人に売ったら、友達関係が壊れてしまう！」

「売り込みの人と思われたくない」

など、不安に思われるかもしれません。


でも、本来仕事って「誰かのお困りごとを解決するもの」です。

困っている人を手助けすることには、何も躊躇する必要はないはずです。

それでも躊躇してしまうのは、きっとあなたが「セールス」というものに対して、押し売りするようなネガティブなイメージを持っているからだと思うのです。

私が起業塾で教えている方法は「あったかセールス」と呼んでいて、何も押し売りすることはありません。

✦「あったかセールス」は〝押し売り〟ではなく、お客さまを幸せにする〝マッチング〟

本来セールスとは、相手のお悩みをヒアリングすることから始まります。その悩みを解決する方法を自分が持っているならば、それを差し出すというｗｉｎ－ｗｉｎの関係で成り立つものなのです。

つまり、買う気のない人に対して商品を売りつけるのではなく、困りごとと解決策をマッチングするのが、本来のセールスの形なのです。

例えばあなたの身近な人で、あなたの商品を買ってもらったらもっと幸せになるだろうな、と思う人はいませんか？

その方に、あなたは自信を持って自分の商品の価値を伝えればいいのです。

営業の経験があったり、会社でマーケティングに関わっていた方であれば、セールスに対しての経験値があり、ネガティブなイメージも少ないかもしれません。

しかし、多くの方はセールスの経験がないので、その方法がわからず難しく感じてしまいがちです。

例えば、今あなたの目の前にお客さまになるかもしれない方がいたとき、あなたはどのような会話をするのか想像してみてください。

まず、挨拶をした後に、何と言ってあなたの商品の説明を始めるのでしょうか？

商品説明の前に、相手の話をヒアリングすることから始める方もいるでしょう。

相手とは、どこで会って話をしますか？

あまり具体的にイメージがつかなかった方も多いのではないでしょうか。

多くの女性がつまずくのは、実はここなのです。いざお客さまになるかもしれない方が目の前に現

れたとき、

「あれ、私の商品を説明しようと思ったら、全然価値がないように思えてきた……」

「高い、と思われたらどうしよう……」

「ここまできて断られたらどうしよう、怖い……」

と、突然不安に駆られて動けなくなってしまうのです。


あったかセールスでは、まず相手の困りごとをちゃんと聴くことからスタートします。身近な人であれば、ある程度その人の困っていることもわかるかもしれません。その困りごとを解決する方法を、親身になって一緒に考えるのです。

✦BIG WHYを使って自分の商品を堂々と売ろう!

セールスをする上で、あなたが一番大切にするべきことは、「なぜあなたがそれを売るのか(=why)」という理由を明確にすることです。

サイモン・シネックさんという方が書いた『WHYから始めよ!』(日本経済新聞出版社)という

本の中で、サイモンさんは「ゴールデンサークル」という考え方を提唱しています（YouTubeで「ゴールデンサークル　サイモン・シネック」と検索すれば、動画も観ることができます）。

彼は、このゴールデンサークルを使って「人はなぜに突き動かされる」ということを教えてくださっています（P91図参照）。

WHATは「何の商品、サービスを売っているのか」
HOWは「どうやってその商品サービスを使うのか」
WHYは「なぜ、あなたがその商品を売っているのか」

セールスをする際は、この輪を、内側のWHYから外側のWHATの順で伝えることが大切です。

例えば、私が自分の会社、株式会社はっぴーぷらねっとの説明をするとき、このような紹介方法だといかがでしょうか。

「（WHAT）私は経営コンサルタントです。女性の起業支援を行っています。（HOW）モテ層を発見するというメソッドを活用してクライアントの相談を受け、（ＷＨＹ）その結果、クライアントの悩みが解決されることが私の喜びです」

この説明だと、私がなぜこの仕事をしているのか、根源の理由がお客さまに伝わりにくいですし、相手に「売り込みだ」と思われてしまいやすいのです。

では、これをゴールデンサークルの順番に変えるとどうでしょう。

「（ＷＨＹ）クライアントの悩みが解決されることが私の喜びです。（ＨＯＷ）モテ層を発見するというメソッドを活用して、（ＷＨＡＴ）

ゴールデンサークル

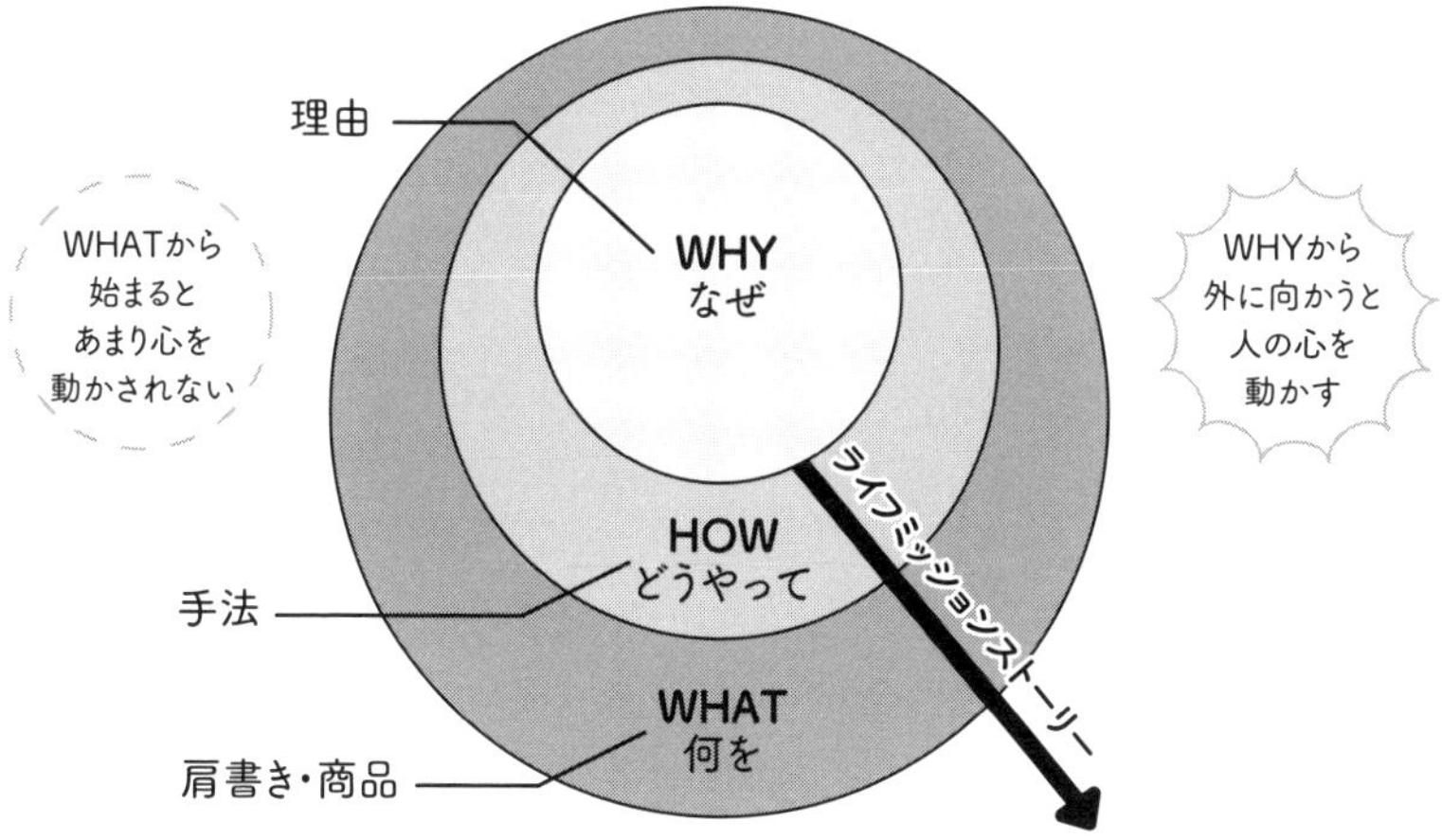

あなたの言葉で語るライフミッションストーリーが
人の心をインスパイア（鼓舞）する

クライアントの相談を受ける経営コンサルタントである私は、主に女性の起業支援を行っています」

単純に順番を変えただけで、だいぶ印象が変わるのではないでしょうか。もう少し説明を付け加えてみましょう。

（WHY）会社員時代の私は、仕事は好きだけれど、周りに合わせ、気を使いすぎて心が疲弊しきっていました。昔の私と同じ悩みを持っている女性が一人でも少なくなることを願い、この仕事を始めました。

私が実践してきたことを、再現性高く、誰でも進められるノウハウにまとめているのは、過去の自分のような人が、これから好きなことを仕事にできるよう応援したいからです。

（HOW）私は、一般社団法人ライフミッションコーチ協会で、好きなことやライフミッションを見つけるお手伝いをしています。具体的には、1対1のZoomによるコンサルティング、オンライン講座などでクライアントの相談を受けています。

（WHAT）ライフミッションは見つけて終わりではありません。ライフミッションを生きる、まっとうする必要があります。

その道の途中には、試練があるかもしれません。できない壁があるかもしれません。そのときにライフミッションを諦めてしまわないように、チームの力で応援できるような、安心、安全、ポジティブな環境を用意しています。

いかがでしょうか。私への、そして私の仕事への感じ方が変わったのではないでしょうか。
このように、相手に「なぜ私がこれを売るのか」きちんと言語化して相手に伝えられると、競合と差別化されますし、相手は「あなたから買いたい」と思うようになります。
モテ層の人たちがあなたの濃いファンになるためのきっかけ作りができるのです。

そしてあなた自身も、セールスへの苦手意識が減り、「私はこのためにやっているのだ！」と自信を持つことができるのです。

本章のワークでは、あなたがなぜその仕事をするのか、ＢＩＧ ＷＨＹを書き出してみましょう。
もちろん、最初は自分でもＷＨＹがわからないかもしれません。「理恵さんが、自分のできることからやってみようと言ったから……」というのが正直なＷＨＹかもしれません。

でも、改めてここでも考えてみてほしいのです。

なぜあなたはそれが得意なのでしょう？

なぜ、たくさんある「できること」の中から、その仕事をやってみようと選んだのでしょう？

その仕事をすることで、どんな人をどんな風に幸せにできると思いますか？


さぁ、ここでも自分と向き合って、あなたのＢＩＧ ＷＨＹを見つけ出してくださいね。

ワーク 商品をどうやって紹介する？

WHYを明確にする

Q1 商品を作ったきっかけは？
（過去の苦悩、クライアントの悩みなど）

WHYとは……

なぜ、あなたがその商品を売っているのか？

WHYを明確にする

Q2 この商品が提供されると、
クライアントの悩みはなぜ解決される？

クライアントの悩みを解消し、
クライアントを幸せにする商品を届けよう！

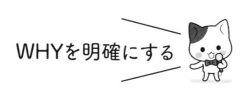

HOWを明確にする

Q3 クライアントにどうやって商品を届ける?

HOWとは……

どうやってその商品サービスを使うのか?

WHATを明確にする

Q4 クライアントに具体的に何を提供する?

WHATとは……

何の商品、サービスを売っているのか?

私の商品を紹介しよう！

（Q1～Q4を文章にする）

記入例

著者
叶理恵（40代）

Q1 商品を作ったきっかけは？
（過去の苦悩、クライアントの悩みなど）

✓ 男性社会の中で頑張ってきて、役職が上がり、収入も上がったが……心と身体はいつも疲弊していて、幸せに働く経験はない
✓ いつも誰かに気を使い、ありのままの自分を出すことに抵抗がある
✓ 会社の言うことを聞くもので、ありのままの自分など表現してはいけないと思っていた

WHYとは……

なぜ、あなたがその商品を売っているのか？

記入例

著者
叶理恵(40代)

Q2 この商品が提供されると、
クライアントの悩みはなぜ解決される?

✓ 自身の経験を再現性高く、誰でも進められるノウハウにまとめた
✓ 過去の自分のような人が、これから好きなことを仕事にできるよう応援するための商品だから

クライアントの悩みを解消し、
クライアントを幸せにする商品を届けよう!

記入例

著者
叶理恵（40代）

Q3 クライアントにどうやって商品を届ける？

- ✓ クライアントの相談を受ける
- ✓ オフライン講座
- ✓ オンライン講座
- ✓ 1対1のZoomによるコンサルティング

HOWとは……

どうやってその商品サービスを使うのか？

記入例

著者
叶理恵（40代）

Q4 クライアントに具体的に何を提供する？

起業のサポート＝ノウハウの提供
- ✓ 自分の好きなことを見つけること
- ✓ お客様への商品の届け方
- ✓ 売れる商品の作り方

ライフミッションを見つけ、
その通りに生きていくためのサポート
- ✓ ライフミッションを諦めてしまわないように、チームの力で応援
- ✓ 安心・安全・ポジティブな環境を用意

WHATとは……

何の商品、サービスを売っているのか？

私の商品を紹介しよう!

（Q1～Q4を文章にする）

<WHY>
男性社会の中で身体にムチを打って頑張ってきた私は、役職が上がり、収入も上がっていきました。

けれども、心と身体はいつも疲弊していて、幸せに働く経験をしたことはありませんでした。

いつも誰かに気を使い、ありのままの自分を出すことに抵抗がありました。社会では、会社の言うことを聞くもので、ありのままの自分など表現してはいけないとすら思っていました。


結果、会社は潤い、お客さまを幸せにできたかもしれません。

けれども、それは私の心と身体の犠牲の上に成り立っていて、私自身は全く幸せに働けてはいませんでした。


だから、私は過去の自分のように、仕事は好きだけれど、周りに合わせ、気を使いすぎて心が疲れている女性が、好きなことを仕事にできるようになってほしいと思い、この仕事を始めました。

私の実践してきたことを、再現性高く、誰でも進められるノウハウにまとめているのは、過去の自分のような人がこれから好きなことを仕事にできるよう応援したいからです。

<HOW>
私は、一般社団法人ライフミッションコーチ協会で、好きなことやライフミッションを見つけるお手伝いをしています。

具体的には、講座や1対1のZoomによるコンサルティング、オンライン講座などでクライアントの相談を受けています。

<WHAT>
ライフミッションは見つけて終わりではありません。
ライフミッションを生きる、まっとうする必要があります。
その道の途中には試練があるかもしれません。
乗り越えるのが難しい壁があるかもしれません。

そのときにライフミッションを諦めてしまわないように、チームの力で応援できるような、安心・安全・ポジティブな環境を用意しています。

あなたが自分の好きなことを見つけ、それを具体的にどのようにお客さまに届けたらいいのか。どうやって売れる商品を作ればよいのか。具体的なノウハウを提供するために、女性の起業のサポートをしています。

Chapter

5

最初の一歩「お金を稼ぐまで」の道のり

Chapter 5

最初の一歩「お金を稼ぐまで」の道のり

◆「こんな私ができた」から、あなたもできる

これから起業するみなさんに、必ず覚えておいてほしいことがあります。

それは、起業は「スタートするとき」つまり「お金を初めて稼ぐまで」が一番大変だということです。

実は、1万円を稼ぐことができれば、それを3万円、5万円と増やしていくことは案外簡単なのです。

しかし、0を1にする最初の一歩、これはそう簡単にはいかないことが多いです。

そしてその壁は、起業してすぐに訪れますから、ここで「やっぱり無理だ」と諦めてしまう方が多

く、私はそんな方を救いたいのです。

なぜなら、その壁こそが、この先の長い起業人生の中で、一二を争う高い壁だからです。

「はじめに」でお話ししたように、私は起業するために会社を辞めたわけではなく、会社員として疲れ果ててボロボロの心身状態でスタートしましたので、本当に色々なことがありました。

それはもう、ドラマのような波のある日々だったのです。

そんな嵐のような人生の中でがむしゃらに突き進んだ日々が、今の私を形作っています。そして幸運なことに、私は起業1年目にして「お金を稼ぐ」ことができました（それでも、最初の10ヶ月は売上げゼロです！）。

起業1年目は600万、2年目は1500万、3年目は2000万と、着実に年商を上げていくこともできました。

「そんなの、運がよかったからだ」

「理恵さんは元々起業の才能があったのね」

と言われることもありますが、違います。これははっきりと言い切れます。

本当に、人脈ゼロ、知識ゼロ、経験ゼロ。

10年前、すべてゼロだった私が、初めてお金を稼ぐまでの道のりはまさに「どぶ板営業」の日々でした。


起業1年目は、思い出すだけでも恥ずかしいくらい私のがむしゃらな部分をお見せすることになりますが、この話をすることで、

「そんな理恵さんでも、できたんだ」

「だったら私にもできるかも」

そんな風に感じていただければと思い、私が起業してから「お金を稼ぐまで」の経験を、赤裸々にお伝えさせていただきます。

それでは、どうぞ、叶理恵のどん底から這い上がるストーリーをご覧ください。

✦自分探しの半年間で得たもの

起業1年目。

何をしたらいいのかさっぱり、というか、そもそもメンタルが崩壊しかけていた私は、実は最初の半年は何も起業活動をしませんでした。

半年間何をしていたかというと、セミナーに行ってみたり、コンサルを受けてみたり、主に自分の心を癒していたのです。

そして、自分は何をしていきたいのか、自分は何ができるのか、自分の内面をホリホリと深掘りする日々でした……。

その上で、自分はどんな人に必要とされているのかを周りの人に聞いてまわったりもしました。

そうです。この本でみなさんに取り組んでいただいたワークは、まさに私が起業する前に半年間かけて行ったことなのです。

半年も自分探しなんて時間かけすぎじゃない!?　と思うかもしれませんが、じっくり向き合うことで良いこともたくさんありました。

例えば、自分の才能の棚卸しができたのです。

●叶理恵の才能の棚卸し

・人の話を聴くのが好き
・複数の提案をするのが好き
・営業出身なので、モノを売ることや集客が得意
・論理的に説明することもできるし、他者の話に共感することもできる
・新しいことに挑戦するのが好き
・仕事に没頭しているのが好き
・自分で意思決定ができる仕事がいい
・その人の未来が自然に見える
・未来のヴィジョンを描くのが得意
・文章を書くのが好き
・いい物があったら、人に伝えたくなる

などなど……いいことばかり書いていますが、自慢ではありませんよ（笑）。

コンサルティングや占いやメンターへの相談など、あらゆる方の力を借りながら、自分の才能と向き合ったのです。


私は謙遜文化で育っていたので、このような「自分のできること」について、長年「たいしたことがない」「誰でもできる」と思ってしまう傾向がありました。

傲慢になる必要もないのですが、過小評価する傾向にありました。


しかし、当たり前にできることこそ才能であると知ったのです。

当たり前にできるからこそ、労力を使わなくていい。

持っている資源を使ってこそ負荷が少なく働ける、と。


また、〝才能は受け取らないと磨かれない〟ということも、このときに学びました。

この頃から謙遜も卑下するのも止めて、〝自分の才能を受け取る〟ことにしました。

そして半年が過ぎた頃、私がいよいよ始めた起業が何かというと、「運気アップカウンセラー」です。

自分の興味関心があった「方位学」や「運気をアップするノウハウ」を提供し始めたのです。

実はこのとき、あるコンサルタントの方には、

「叶さんは素晴らしい営業の経験があるのだから、それがあなたの才能です。営業の研修を売るといいですよ！」

と提案していただいたのですが、当時の私は「営業技術なんて知っている人も多いし、私より営業がうまい人もいるし……」と、このアドバイスをスルーしてしまいました（まだ、才能を受け取りきれていなかったのですね……）。


このアドバイスを聞くべきだった！　と気づくのは随分後の話です。

◆仕事を決めた後にやったこと

さぁ、いよいよ「運気アップカウンセラー」という自分の仕事を決めた私が最初に何をやったか？

というと、次のことをしました。

1．自分の運気アップの手法を小冊子（ＰＤＦ）にまとめる

2. 無料モニターを50人募集する
3. お客さまの声を集める
4. お客さまの声をWEBページに載せる
5. 小冊子（PDF）をダウンロードできるWEBページを作る
6. 無料モニターのお客さまに、メルマガ登録をお願いする
7. 自分の肩書きをいれた名刺を作る

これら7項目のことを実行したのです。

自分が過去10年間、26歳から35歳まで運気アップの本を読んで試したノウハウの中から、効果の高かった運気アップ法を取り上げました。

例えば、トイレ掃除をしてどのような効果効能があったのか等、そういった体験談・経験談をまとめたのです。簡単なイラストも描けたので、自分のイラスト付きです。製作期間は1ヶ月ぐらいで約100ページのボリュームでした。

今思えば稚拙な文章でしたが、当時の自分なりに一生懸命、自分の運気アップのノウハウを体験談としてまとめたのです。

知り合いにもダウンロードしてもらうようお願いしたり、この冊子を読むことのメリットを文章にしたり、とにかく自分で動けるだけ動いてみました。

そしてそれを読んでくださった方に対し、「運気アップカウンセリング」の無料モニターを募集しました。

「無料なのに集まらなかったらどうしよう」とドキドキしました。

知り合いに声をかけ、知り合いの知り合いにも声をかけてもらって、おかげさまで、50人の無料モニターの方を集めることができました。

50人の方には、「お客さまの声」を書いていただけるようお願いしました。「お客さまの声」があると信頼性が増して、さらに新しいお客さまが集まりやすくなると起業の本などで学んでいたからです。

また、無料カウンセリングのモニターを受けていただいた方にも、

「今後、無料モニターを受けていただいた方対象の特別な割引やお役に立つ運気アップの情報を配信しますので、メールマガジンの登録をお願いしてもいいですか?」

と、メルマガ登録を促しました。

「もちろん、解除したくなったら、いつ解除してもらっても構いません」と相手の不安を取り除く一言も忘れずに付け加えました。

そうやって、なんとか無料モニターのお客さまとの「コンサルティングの経験」を積みながら、メールアドレスという「顧客リスト」を得たのです。

しかし、そうやってお金を稼ぐための準備をしながらも、ずっと

「こんなもの、本当に価値があるのだろうか」

という、自分の心の声がこだましていました。

何回も、何回も思い浮かびました。

まだまだ自分に自信がありませんでしたし、起業すると、〝答えが出ないものに向かって行動する〟ので、いつも不安がつきまとっていたのです。

◆無料で先に「与える」ことで得た2つのもの　〜自信〜

自分のやっていることに価値があると自信を持てなかったからこそ、私は最初に「無料」モニターを募集したのです。すると、自分の心理的ハードルが下がりました。

そして、50人に無料でカウンセリングをしていくうちに、多くの方がとても喜んでくださったのです。

さらに、一人ひとりとマンツーマンでカウンセリングをすることで、自分自身の伝え方やサービスの質も上げることができました。

このようにして「自分のやっていることは誰かを喜ばせているのだ」という実感を得ることができるようになったのです。

私はここで、「実感すること」の大切さを学びました。

周りの人から「大丈夫だよ」と言われても自信はつきませんが、目の前の相手を実際に喜ばせた経験は、着実に自分の自信につながりました。

✦無料で先に「与える」ことで得た2つのもの　～信頼～

先に与えると〝返報性の法則〟で、後になればなるほど利子が多くついて返ってくる、ということをお金持ちの友人から聞きました。

当時はそんな話、半信半疑で聞いていた私でしたが……今ならわかります。

「返報性の法則」は確かに働いていました。ただ、すぐにはお金という形で戻ってこないのでわからないのですが、与えれば与えた分だけ、「お客さまからの信頼」がたまっていっていたのです。

私がどういう人間か、どういうことをしているのか、認知していただいたのです。

あのとき無料で運気アップセミナーを受けてくださった方の中で、数年後に私の起業コンサル（10万円以上の高単価のもの）を購入してくださった方もいます。

お金に換金されるのは、「信頼がたまった後」です。

だからこそ、最初は無料で与えるということをしてよかった、と思っています。

✦ついに有料商品を販売！　スモールステップでいこう！

50人へのカウンセリングで自信のついた私は、いよいよ有料商品を販売します！

方位学カウンセリングや、運気アップカウンセリングを、1時間3000円からスタートしてみたのです。

勇気のいる一歩でしたが、有料に踏み切ってみたのです。

これが、過去に無料カウンセリングをした方からの申し込みにつながる……かと思いきや、最初の3ヶ月は鳴かず飛ばずでした。

方位学カウンセリングも、運気アップカウンセリングも全く売れなかったのです。

どうしよう……。

やはり有料商品を購入するには、私という人間にもっと信頼がたまっていないといけないのだ、と感じました。

自分が商品を買うときも、よくわからない会社や見ず知らずの人からは買いたくないですものね。

小冊子を作り、周りの人に広めました。メルマガも発行しました。そして当時はかなりブームになっていたアメーバブログもやってみました。

自分を知ってもらうこと。自分がどんな思いでこの商品を売っているのか、知ってもらうこと。信頼してもらえる人になること。思いつくことをとにかくやり続けたのです。

そして、信頼がたまり始めた頃、約4ヶ月経ったくらいに、やっと初めて商品が売れたのです。

とても嬉しかったです。お金をいただく喜びを、このときほど感じたことはありませんでした。

3000円という、金額にしてみれば大きくはない数字かもしれませんが……会社員時代に、定期的に振り込まれる給与とは、次元の違う価値でした。

一つ売れると、また一つ、2つ、と売れ出しました。

積み上げた信頼が、だんだんとお金に変わっていったのです。

そしてこの後の私は「やっぱり運気アップカウンセラーはちょっと違うかも」ということで、大きく商品を変えて方向転換していきます。

結局、起業する前にコンサルタントさんに勧められた「営業」の技術を使って他の方の営業を代行したり、セールス（マッチング）をしていくことが自分にとって「当たり前にできること」であり「才能だったのだ」と、気づいていくわけです（笑）。

しかし、起業してから10年経った今も、商品が売れるまでの流れは、変わりません。

お客さまに先に与える（例えば、小冊子や無料動画などで良い情報をわかりやすく整理して、お困りごとを解決できる形で伝える）

←

お客さまからの信頼がたまると、商品が売れる

←そのお客さまの声をＨＰに掲載したり、冊子にまとめる
←お客さまからの信頼がよりたまるので、また商品が売れる
←売り続けることで商品の質が向上し信頼がさらにたまり、高価格の商品も売れるようになる
←お客さまのお困りごとを常にリサーチし続ける
←新商品を販売する

事業はこの繰り返しです。

私のでこぼこ起業ストーリーはまだまだ続きますが（笑）、本書では「起業をこれからするみなさん」へお伝えしたいこととして、この辺りまでとさせていただきますね。

私は10年前、起業していきなり7つのことに取り組んだ、とお伝えしました。

しかし、今から起業するあなたや私の起業塾に来る生徒さんには「一つ、まずやってみよう」とお伝えしています。


7つの新しいことを同時に始めるって、相当な精神の持ち主です……(笑)。

私は、右も左もわからずに心身をすり減らしながらやっていたのですが、実際に「一つずつ」始めて、着実に信頼を得ている私の起業塾の生徒さんがお金を稼ぐまでの事例を2つ紹介します。

◆「自分の商品には価値がある」そう信じて乗り越えた起業1年目

寺本奈美江さん

〈起業プロフィール〉
・2019年1月に起業(起業3年目)
・お金を稼ぐまでにかかった期間　2ヶ月

主婦歴8年、小学生と幼稚園児の息子2人を育てるいわゆる専業主婦だった私は、あるとき大きなきっかけがあって「お客さまのライフミッション（人生の指針や目的）を見つけるお手伝いをしたい」と思うようになり、一念発起して起業することにしました。

理恵さんの塾で起業に関することは学んでいたので、まずは「無料モニター」を募ることにしました。

それまでママ友として仲良くしていた友人たちや、学生時代の友人に「私ね、これからこういうことをやろうと思っていて～……」と伝えることから始めました。

もう、それだけでドキドキでした（笑）。

そしてやってみたいことを伝えた上で
「よかったら、無料モニターとして体験してみてくれない？」
と伝えたのです。

すると、何人かは快く無料モニターになってくれることになりました！

もちろんここで「いや私はいいや」と断られることもあります。はい、もちろん最初はグサリときます（笑）。

しかし、断られたときは気まずさも若干ありましたが、明るく「そっかそっか！　話を聞いてくれてありがとう！」と、すぐに切り替えていました。

このときの気持ちの切り替え方としては、「私は自分の提供する商品で、絶対その人を幸せにできると思って言ったのだから、大丈夫。相手の良きタイミングもあるのだから、大丈夫。その方にとって必要なタイミングがくれば、また縁があるはず！」と思っていました。

実際、最初は断った方で、半年後に「やっぱり受けてみたい」と言ってくださる方もいたので、やはりこの考え方でよかったのだ、と思いました。

最初は20人ほど、無料でカウンセリングを受けてもらいました。

そしてカウンセリングの最後、アンケートを書いてもらうタイミングで

「こういったカウンセリングを、90分２０００円でやっていこうと思っているんだけれど、興味ある

かな？」

と聞いてみたのです。

するとここで何人かが、「興味ある」と言って有料カウンセリングも受けてくれたのです！

有料も受けてくれると言われたときにはびっくりしましたが、私が思う以上に「自分の内面を知りたい」「自分のライフミッションってなんだろう」「話を聞いてほしい」と思っている方が多いのだ、とここで体感しました。

そこからは、２０００円のカウンセリングを何回もリピートしていただいている方に、次に２万７０００円の１ｄａｙ講座が売れました。

何度もカウンセリングを続けるうちにお客さまが私を信頼してくださり、

「あなたが良いと言うなら、買うよ」

という言葉までいただけました。

その後、さらに高額な連続講座などもやはり、
「あなたが私にとって必要だって思って勧めてくれているのがわかる！　だから、やってみるよ！」
と言って、買ってくださる方が出てきました。

起業をしてみて、もちろん大変なこともありましたが、まさかこんなに「幸せ」を体感できる日々が待っているとは思いませんでした。

これからも、一人でも多くの方にライフミッションを見つけてもらい、幸せな方を増やすお手伝いをしていきたいです。

～これから起業をする人へのメッセージ～

最初は知り合いにセールスをすることに躊躇するかもしれません。

しかし、私は「自分の売っている商品は、相手をさらに幸せにすることができる」という思いが心の底にあったので、その壁を乗り越えることができました。

自分がセールスをしなければ世界は何も変わりません。しかしセールスすれば自分も相手ももっと幸せになる未来が見えているのです。

「だったら、伝えてみよう」

そう思うことができました。

これから起業されるみなさんも、どうかご自身がやろうとしていることに心からの自信を持って、相手に伝えてあげてください。

あなたが起業という一歩を踏み出すことで、あなたの大切なお友達や、大切な方がもっと幸せになり、感謝と愛が循環していきますように。

◆起業してみて「友達が多い」ことが私の才能だったと気づいた！

堀部優規子さん

〈起業プロフィール〉
・２０１７年４月に起業（起業５年目）
・お金を稼ぐまでにかかった期間　３ヶ月

私は元々起業支援の会社に約８年勤めていました。だから自分で起業するときにも「誰かの起業をサポートしたい」と思い、２０１７年３月に会社を退職しました。

しかし、会社を辞めてからの約２ヶ月ほどは「自分が一人で起業支援をしていく」などとは周りに言えず、モジモジして動けずにいました。

一人ではなかなか動けなかったものの、起業仲間たちの勉強会には参加するようにしていました。

起業仲間との会話の中でなら、自分がやっていきたいことを堂々と語れる自分がいました。

「これからこういうことをやっていきたい」

「こういうサービスとこういうサービスを、私は売っていく！」

と周りの仲間に言っていたのです。

すると、「最初のお客さま」は意外なところで見つかりました。

起業仲間の一人が「堀部さん、私はあなたのお客さんになりたいので、早く講座を開いてください」

と(笑)。

びっくりしましたが、今思えば、その仲間たちには自分の商品を堂々と紹介していたからこそ、私に声をかけてくださったのだ、とわかりました。

また、私は元来友人作りが得意で、初めての方に声をかけるのに躊躇しないタイプです。それが特別な才能とは思っていませんでしたが、この性格で友達が多いタイプだったことが功を奏したのです。

自分がやっていきたいことを伝えると、友人の方から「それ、いつ受けられるの？」とか「私の友達で、受けたい人がいるかも」と紹介してもらえるようになりました。

その後も、継続して友人たちや知り合いからサービスを買ってもらうことができました。

とは言え、起業して5年目になりましたが、「いつが一番辛かったか？」と言えばやはり1年目です。起業が波に乗るまでは、誰しも乗り越えるべき課題がいくつかあるものです。

だから私はくじけないために、当時は「起業仲間」との時間を多くとるようにしていました。会社員の友人に会うと、くじけてしまいそうだったので（笑）。

ここまで来られたのは、切磋琢磨した起業仲間のおかげだと感じており、今も定期的に勉強会に参加して自分のモチベーションを高め、知見を広げています。

まだまだ起業5年目、日々が勉強です。

～これから起業をする人へのメッセージ～

「大きな覚悟より、小さな勇気」だと思います。


最初は大それたことなんてできないし、する必要もないのです。

ただ、仲良しの友達に自分のやっていることを言ってみる。

「よかったら、やってみない？」と誘ってみる。


そんな小さな勇気の積み重ねが、5年後の今、大きな成果として実を結んでいるのだと思います。

まず、身近な人一人に伝えてみてください。

意外と、その後は他の人にも伝えられるようになりますよ。


あなたの一歩を、応援しています。

ワーク 商品をどうやって販売する？

才能の棚卸しをしてみよう！

Q1 自分には何ができる？ 才能の種を見つけよう！

自分と向き合い、仲間やメンターの力を借りながら、自分の内面を深掘りしよう！

サービスが先！ お金を稼ぐのは後！

Q2 お客様の声を集めるために、
どんなサービスを無料で提供する？

無料モニターを募集して、お客様の声を集めよう！
得るべきものは「お金」ではなく「自信と信頼」

まずは小さな一歩から！

Q3 どんなサービスを有料で提供する？
※商品一覧（第3章のメニュー表）を参考に！

信頼のあるお客様に、自信を持って商品を届ける！
すぐに結果が出なくても、自分を信じて進み続けよう！

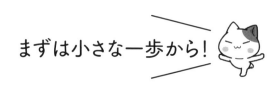

記入例

著者
叶理恵（40代）

Q1 自分には何ができる？ 才能の種を見つけよう！

- ✓ 人の話を聴くのが好き
- ✓ 複数の提案をするのが好き
- ✓ 営業出身なので、モノを売ることや集客が得意
- ✓ 論理的に説明することもできるし、他者の話に共感することもできる
- ✓ 総合的にバランス感覚がよい
- ✓ 好奇心旺盛で、学ぶことが好き
- ✓ 新しいことに挑戦するのが好き
- ✓ 仕事に没頭しているのが好き
- ✓ 自分で意思決定できる仕事がいい
- ✓ その人の未来が自然に見える
- ✓ 未来のヴィジョンを描くのが得意
- ✓ 文章を書くのが好き
- ✓ いい物があったら、人に伝えたくなる

自分と向き合い、仲間やメンターの力を借りながら、自分の内面を深掘りしよう！

記入例

著者
叶理恵（40代）

Q2 お客様の声を集めるために、
どんなサービスを無料で提供する？

運気アップコンサルティングを無料実施

✓モニターを50人募集

✓実績を積んで「自信」にする

✓サービス提供を通じて「信頼」をためる

運気アップ手法の
小冊子（PDF）をプレゼント

✓Webページを作成してダウンロードしてもらう

✓サービス提供を通じて「信頼」をためる

無料モニターを募集して、お客様の声を集めよう！
得るべきものは「お金」ではなく「自信と信頼」

記入例

著者
叶理恵（40代）

Q3 どんなサービスを有料で提供する？
※商品一覧（第3章のメニュー表）を参考に！

✓ 運気アップカウンセリング
無料提供していたもののロング版

✓ 方位学カウンセリング

信頼のあるお客様に、自信を持って商品を届ける！
すぐに結果が出なくても、自分を信じて進み続けよう！

Chapter

6

壁を乗り越えるための心得

Chapter 6

壁を乗り越えるための心得

◆壁は、仕組みを作って乗り越えよう！

起業を成功させるために、もはや「一番」と言っていいほど大事なこと。それは「メンタル」です。この本も、一冊を通してあなたに「私はモテる」「私には才能がある」「私にこそできる仕事がある」と、心から思っていただくことが目的なのです。

自信があることは、あなたにもお客さまにもプレゼントですからね。

起業をして、すべてが最初から順風満帆でうまくいくことはないでしょう。そして人間誰しも、この先心の浮き沈みもあるでしょう。

だからこそ、本書を通じて最後にあなたに伝えたいことは、壁を乗り越えるための「心得」なのです。

壁にぶつかることは何も問題ではありません。当たり前だからです。

大切なことは、壁にぶつかったときにどう乗り越えるかを事前に考え、対策しておくことなのです。

✦応援してくれる人を作ろう！自分以上に自分を信じてくれる人の存在がくじけたときの支えになる

壁を乗り越えるために必要な存在、それはあなたの活動を心から応援してくれる人です。

関係性は問わないのですが、私はパートナーシップについての教鞭も執っている立場なので、まずはパートナーとの関係性について触れたいと思います。

あなたの夫やパートナーが、一番の理解者・サポーターとしてあなたの活動を支えてくれたら、こんなにも心強いことはないと思いませんか？

しかし私の起業塾には「夫が全然理解してくれないのです！」「その起業って、趣味レベルのものでしょと言われました」など、パートナーの理解不足に苦しむ方も少なくありません……。

そんな方にお伝えしているのが、次の3つです。

✦1 ヴィジョンを語り、コミュニケーションをとろう

ビジネスをしていく上で、ヴィジョン（夢）を語ることは大切です。『WHYから始めよ！』という本もご紹介したように、あなたのWHYをちゃんとはじめに伝えましょう。

しかし、多くの場合、形になるまでは、「夢ばかり語って行動しないんじゃないの？」「どこまで本気なの？」「本当に結果が出せるの？」と思われがちです。

目に見える結果が出なければ、人はなかなか信じにくいものだからです。

だからこそ、パートナーから応援してもらうためには、まずは成果を出すこと。

そして、成果が出たらどんな小さなことでもよいので、報告をすることが大切です。（無料のモニターを一人集めたとか、そこからでいいのです！）

すると、パートナーも「実際に行動に移しているんだな」「自分を信頼して話してくれているんだな」とわかりますし、着実にコツコツ頑張っている人をそばで見ていたら、自然と応援してくれるようになるものです。

✦ 2 大好きな思いと感謝の気持ちを毎日伝えよう

ヴィジョンを語る前に、そもそものパートナーとの「信頼関係」はできていますか？

日々、信頼関係を築くことはビジネス云々の前にとても大切です。

信頼関係を築くためにも、相手に大好きな思いと感謝の気持ちを伝えましょう。

「パートナーが口もきいてくれないし、自分のことがうまく話せない」という方は、まずは自分の気持ちを言葉にする練習が必要です。

ノートに書いてみるのもよいですし、利害関係の全くない方に思い切り聞いてもらうのもいいです。

私が代表を務める一般社団法人ライフミッションコーチ協会でも、「気持ちの吐き出し」ができる場を作っています。

関係性構築の第一歩は、自分の気持ちの言語化です。

◆3 安心・安全・ポジティブな場を作ろう

私は家庭でも仕事でも、「安心・安全・ポジティブな場」を大切にしています。

あなたの応援をしてもらう前に、あなたはパートナーにとって安心で安全な存在でしょうか？

パートナーシップの土台をしっかりさせるためには、まずは次の3つを意識してみてください。

・「相手にとってどうか」の目線に立ち、しぐさや表情に気をつける

・相手が安心して話せるようにじっくり聴く

・相手の気持ちをほぐして、関係性の土台をよくするために、ダメ出しでなく褒める

2人のいる「場」をあたたかくするのがパートナーシップだと私は思っています。

あなたにとって一番身近なパートナーとの関係性を良好にして、あなたの一番の応援者になってもらいましょう！

そして、思い切り起業にチャレンジしましょう！

✦仲間を作ろう！

壁を乗り越えていくために重要な存在、それが「仲間」です。

経済産業省が出した「女性起業家に関するアンケート調査」の中で、「起業時に欲しかった支援は何か」という質問がありました。

これに対する回答で一つ、男女で大きく差が出たものがあるのです。

それは、「起業時に同じような立場の人（経営者等）との交流の場が欲しかった」というものです。

男性22・3％に対して、女性は35・0％もあったのです。

これは、やはり女性で起業をしている人がまだ少ないという事実もありますが、「女性性として」仲間を持ち、コミュニティーの力を使った方が女性は頑張れるのです。

例えば起業して最初にぶつかる壁として「無料から有料にしてみたら、突然お客さまが来なくなった」ということがあったとします。

私も経験しているのでこのときの焦る気持ちはよくわかります。

そんなとき、頭では「これは起業あるあるだから、大丈夫……」と思ってみても、やはり心がザワザワと落ち着かないものです。

ですが、仲間に話してみたら……？

同じ時期に起業した仲間であれば、

「私も今同じ状況だよ、でもここを乗り越えよう！　頑張ろう！」

と、切磋琢磨できますよね。

起業の先輩であれば、

「あーそれは私もあったよ！　そういうとき、私は〇〇してみたよ！」

と、知りたかったアドバイスをくれたりします。

起業の後輩であれば、
「無料でそこまで人を集めて、有料という段階に踏み切ってすごいです！」
と、励ましてくれるかもしれません。

こんな風に人に話して、同じ立場で頑張っている仲間と何気ない会話をすることで、励まし合えたり、また頑張ろうという活力が湧いたりするのです。

だから、起業仲間を見つけることは壁を乗り越えるためにもとても大切だと思っています。

手前味噌にはなりますが、私の「幸せ女性起業家大学」では、そんなあらゆる立場で起業を学ぶ仲間たちが集まっています。

横のつながりをとても大切にしていて、そこにいる人は誰もライバルではありません。「みんなで勝つ」ために、学びあっているのです。

もし身近に起業の仲間がいない場合は、一度「幸せ女性起業家大学」のＨＰを覗いてみてくださいね。

そこでは「安心・安全・ポジティブな場」を大切にしていますので、起業前の人も、起業してみたばかりの人も、どんな人もウェルカムですよ！

おわりに

世界中の女性が、自分の価値観や豊かさの定義となる「幸せのコップ」を見つけて、幸せな人生を自分で作れる。

私はそう信じていますし、そのためのサポートをしたいのです。

日本はすごく豊かな国なのに、なぜか日本の女性はあまり幸せになっていない人が多いです。

その理由は、日本の女性は自分自身ではなく旦那さんや子どもなど、自分以外の人の「幸せのコップ」の中で生きているからです。

せっかくあなたに与えられた才能があるのに、それに蓋をして、自分を押し殺して、誰かの幸せを優先して生きるなんて……。

そんなのもったいない！

だから私は、一人でも多くの女性に、その蓋をしている可能性に気づいてほしくて、女性の企業支援を10年以上続けています。

あなたが本書を通して、あなたのモテ層に気づき、才能に気づき、そして自分を輝かせる場所を見つけられますように祈っております。

困ったときは、いつでも相談に来てくださいね。

私が、そしてたくさんの、あなたと同じ「何もない私」から起業への一歩を踏み出した仲間たちが、待っています。

最後になりましたが、今回の出版にあたり、いつもともにライフミッションを生きてくれている一般社団法人ライフミッションコーチ協会の認定講師のみなさんへ、心からの感謝を捧げます。

今回の書籍執筆にあたり、自身の起業体験談やワーク事例に協力してくれた、たしろさと美さん、井瀬綾子さん、寺本奈美江さん、堀部優規子さん。

本のデザイン協力をしてくださった、川島彩さん。

鴨ブックスの吉村博光さん、木本健一さん、加藤くるみさん。

そしてこれまで出会った受講生のみなさん。人柄ビジネスで幸せに起業するとはどういうことなのか、本当に多くのことを学ばせていただきました。

最後に、メンターの鴨頭嘉人さんとの出会いのおかげで、2冊目の本を出版することができました。

心からの感謝を込めて。

叶理恵

付録

自分の内面を深掘りする50の質問

Q1 人生でこれをやらずに「死ぬ」とするなら
後悔することは何ですか？

Q2 誰かの何かの結果・行動を見て
「激しく嫉妬すること」は何ですか？

内面ホリホリ　やりたいことを見つけるワークシート

Q3 自分自身で「これをやってはいけない」と許可していないことは何ですか？

Q4 何か現状から「大きく変化したい」と思っていることはありますか？

Q5 あんな風になりたいと思っている人はいますか？

内面ホリホリ　やりたいことを見つけるワークシート

Q6 あんな風にはなりたくない
と思っている人はいますか？

Q7 もしも魔法の杖があって、なんでも夢を
叶えてくれるなら、どんなことをしたいですか？

Q8 もしもお金の心配がなくなったら、
何をして生きていきたいですか？

内面ホリホリ　やりたいことを見つけるワークシート

Q9 シンプルに考えるなら、
何をするのが最優先だと思いますか？

Q10 自分をしばっているものがあるとするなら、
それは何ですか？

Q11 他人の目・自分の目、どちらが気になりますか？

内面ホリホリ　やりたいことを見つけるワークシート

Q12 今やっている仕事のその向こうには何がありますか？

Q13 もしも、プロセスも楽しむなら、どういう条件が必要になりますか？

Q14 誰が今のあなたのロールモデルになりますか？

内面ホリホリ　やりたいことを見つけるワークシート

Q15 あの人と再会をする日までに、これをやりたい！
こういう自分でいたい！　という自分は
どんな自分ですか？

Q16 こんな自分になるとするなら、死んだ方がマシだ！
みたいな自分とはどんな自分ですか？

Q17 もっと、こういう風にしたらいいのに！
と思う人はいますか？

内面ホリホリ　やりたいことを見つけるワークシート

Q18 「もっと、こんな風なことを伝えていきたい！」
とするなら、それはどんなことですか？

Q19 「なんで、こんなこともわからないんだろう！」という
ことがあるとするなら、それはどんなことですか？

Q20 正直、こんな簡単なこと、なんでみんな
やらないんだろう？　と思うことはありますか？

内面ホリホリ　やりたいことを見つけるワークシート

Q21 もう一度、子ども時代に戻って夢を描くとするなら、どんな夢を描くと思いますか？

Q22 あなたにとって「人生最大の冒険」とは何ですか？

Q23 本当はやってみたいのに、「時間がないから……」を言い訳にしてやっていないことは何ですか？

内面ホリホリ　やりたいことを見つけるワークシート

Q24 本当はやってみたいのに、
「家族が反対するから……」を言い訳にして
やっていないことは何ですか？

Q25 本当はやってみたいのに、「もう歳だから……」を
言い訳にしてやっていないことは何ですか？

Q26 本当はやってみたいのに、「勇気が出なくて」
やっていないことは何ですか？

内面ホリホリ　やりたいことを見つけるワークシート

Q27 本当はやってみたいのに、「恥ずかしくて」言えないことは何ですか？

Q28 本当はやってみたいのに、「どうせ無理だろう……」と思って言えないことは何ですか？

Q29 本当はやってみたいのに、「お金がないから……」と思って言えないことは何ですか？

内面ホリホリ　やりたいことを見つけるワークシート

Q30 本当はやってみたいのに、「世間が許さないだろう……」と思って言えないことは何ですか？

Q31 本当はやってみたいのに、「もったいないから……」と思ってやっていないことは何ですか？

Q32 10年後のあなたは「今のあなたの悩みを解決しています」。10年後の自分は今の自分になんと声をかけますか？

内面ホリホリ やりたいことを見つけるワークシート

Q33 「○○さんに会いに行ったら、あなたの夢は叶うから、会いにいけ！」と好きな人に言われました。さて、誰に会いにいきますか？

Q34 「バカやろう！ それをやらずに死んだら後悔するぞ！」と大切な人に言われました。さて、何をやらずに死んだら後悔すると言われましたか？

Q35 大ヒットしている映画にあなたが出演しています。どんな役で出演していたら嬉しいですか？

内面ホリホリ　やりたいことを見つけるワークシート

Q36 何か心配なことはありますか？
それは、なぜですか？

Q37 何を恐れていますか？

Q38 今から10年後の自分はどうなっていたいですか？

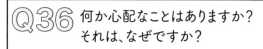

内面ホリホリ　やりたいことを見つけるワークシート

Q39 最近、楽しかったことは何ですか？（1年以内）

Q40 誰と一緒にいて、どんなことをしているときが楽しいですか？

Q41 あなたに刺激を与えてくれることは何ですか？

内面ホリホリ　やりたいことを見つけるワークシート

Q42 今、できていないなと思うことは何ですか？

Q43 どんな人と会いたいですか？

Q44 あなたに刺激を与えてくれる人は誰ですか？

内面ホリホリ やりたいことを見つけるワークシート

Q45 このジャンルなら一生涯成長できる！
と思うことは何ですか？

Q46 いつも意識せずやっていることは、何ですか？

Q47 「マジかー！」と思うくらい、誰かを見て衝撃を
受けたことはありますか？

内面ホリホリ　やりたいことを見つけるワークシート

Q48 人には堂々と言えないけれど、
実は○○にハマっているんです。

Q49 あなたが、会うと
ついつい自分と比較してしまう人は誰ですか？

Q50 「それって誰にでもできることじゃないよ！」
と人から言われたことは何ですか？

著者プロフィール

叶 理恵（かのう りえ）

(株)はっぴーぷらねっと　代表取締役社長
(一社)ライフミッションコーチ協会 代表理事

人柄ビジネスコンサルタント / ライフミッションコーチ
関西大学　総合情報学部卒

2011 年に独立し、起業ノウハウの習得からマインドセットまでを網羅した「人柄ビジネス」幸せ女性起業塾を主宰し、3500 人以上が受講する人気講座に育てる。その後、経済的な成功以上に精神的な満足を求める女性が多いことや、「いつかは起業してみたいけれど、何をしたらいいかわからない」というニーズに着目し、2016 年に「一般社団法人ライフミッションコーチ協会」を設立。起業予備軍に対して、「人生の目的」「一歩踏み出す勇気」「強みの発見」「理想的なパートナーシップ」といったテーマを中心に、独自の講座を開発。これまでに 350 人超の認定講師を育成し、全国規模で女性の起業支援をしている。モテ層診断という独自のメソッドを開発して、ファンから顧客になるモテ層を診断し、売れる商品作りを教えていることが特徴。モテ層を発見し、売上げが UP する受講生が後を絶たず、好評を博している。

・サイト URL　https://haplanet.com/
・Facebook　https://www.facebook.com/rie0358

うまくいく女性起業家だけが知っていること
～起業のためのファーストドリル

2021年12月13日　初版発行
2023年 1 月21日　第3刷発行

著　者　叶 理恵

発行者　鴨頭 嘉人

発　行　株式会社 鴨ブックス
〒170-0013 東京都豊島区東池袋 3-2-4 共永ビル 7 階
電話　：03-6912-8383
FAX　：03-6745-9418
mail　：info@kamogashira.com

装丁デザイン　齋藤 友貴（株式会社デジカル）
本文デザイン　青木 奈美（株式会社デジカル）

校正　株式会社ぷれす
印刷・製本　株式会社 光邦

ISBN 978-4-910616-01-8　C0030